이충우 시집

새벽길 지나

도서출판 진실한 사람들

| 시인의 말 |

바람결에 스치는 덕담이려니

광진(光進) 이 충 우(李忠雨)

성실 벗하여 쉼 없이 달려 왔습니다. 공직 퇴임 후 각종 친화적 모임에서 차가운 계절에선 따스함을 배우고 따스한 게절에선 시원스런 정 다짐을 배웠습니다.

만난 뒤 돌아서는 허전함을 메우려 또 다른 나를 찾고 싶었습니다. 전 조선일보 논설위원 사촌 형 이흥우 님 필진이 떠올라 습작하던 중 마침 연불교문학과 연이 닿아 시 공부를 하게 되고 문예비전을 통하여 등단 입문하였습니다.

이후 문예비전 등 각종 문단 시 낭송회 및 한국농민문학 세미나 참여 등 수련 8년여, 하지만 일천함을 벗어나기엔 부족함이 많습니다.

주변으로부터 시집 출판 권유를 받을 때면 부끄럼이 앞서 사양하다가 갈길 먼 내일을 위하여 오늘을 충전하는 마음으로 쑥스러움 무릅쓰고 시도를 했습니다.

바쁘심에도 도와주신 문예비전 신광호 주간님, 김주안 편집국장님, 문우님들과 연불교 문학 김병식 회장님 고맙습니다.

웃음보다 눈물 흩뿌리며 살아온 길이 더 많았을지도 모를 노년의 한 범부가 보람된 애착을 가지고 부족하면서도 독자님들께 달려가고픈 욕심으로 펴낸 시집 한 권씩 드리오니 허물치 마시고 바람결에 스치는 덕담이려니 헤아려 주시면 고맙겠습니다.

-2019년 12월 초겨울

광진(光進) 이 충 우 배

| 발 문 |

사랑과 마음챙김의 노래

이충우 씨의 작품들이 한 묶음되어 첫 시집으로 나온다는 참 기쁘고 반가운 소식은 이 계절 우리에게 선물로 다가왔다. 지극히 겸손하게 살아가는 사람, 구도자의 자세가 자연과 함께 일상에서 노래되어 나오고 있다.

문예비전 2011년 3~4호를 펼쳐 심사평을 읽어본다.

"시를 읽는 마음은 다른 마음과는 다르다고 누가 말했는가. 시의 향기를 만나기 위해 문예비전은 오늘도 문을 열고 있다.

이충우 씨의 〈봄이 오는 소리〉, _마음 굴절 뒤, 〈아내의 새벽기도〉를 추천작으로 선하였다.

"꽃잎 만지 듯한 바람소리 / 하늘 땅 입김소리 봄 봄이 오는 소리" _〈봄이 오는 소리〉에서

"고요한 새벽 공기 어루만질 때면 / 향기의 포말들이 혈관으로 스미고 왕성한 / 삶의 의욕 둥둥 떠다니며 가득한 행복"_〈아내의 새벽기도〉에서

산을 오르며 행하는 명상이 돋보인다. 비극적 일상을 넘어 새벽공기 속에서 삶의 의욕과 행복을 얻는 선수행의 자세마저 돋보인다. 김병식 시인이 추천한 10편을 읽어 보았다." 심사위원; 신광호 · 박성철 · 임병호

4・19세대의 우리들, "우리말로 공부하고 우리글로 읽고 쓰는" 언어생활을 한 최초의 모국어 세대였고, 김현(문학평론가)의 말대로였다는 것. 김병익 문학평론가는 한겨레 오피니언 컬럼에서 이렇게 강조하고 있다. 우리 또래는 이렇게 해서 '한글-민주화-산업화'의 3중의 과제를 실천한 '4・19세대'라는, 한국 현대사에서 가장 화려한 시호를 얻는다. 미완의 학생혁명을 통해 이 세대는 보이지 않는 거대한 심리적 진화도 이루었다. 미래와 세계에 대한 자신감 획득이었다.

평생학습의 장에서 문학의 길을 함께 하게 됨을 환영한다.

문예비전은 창간 시부터 우리 문학의 전통을 잇고 계승하는 문학정신을 지닌 신인 발굴에 힘쓰고 있다. 삼가 이 글을 적으면서 각별한 관심과 성원을 주신 여러분과 〈진실한 사람들〉 김주안 대표께 감사드린다. 귀한 시집에 티가 되지 않을까 걱정하면서 많은 독자가 관심을 가져주시길 바란다.

2019년 12월 4일

신 광 호 (시인)

차 례

제1부 봄이 오는 소리

제2부 새벽 기도

제3부 바다의 연주

제4부 가을 들녘에 서서

제5부 풍경은 바람결에

제 1 부

봄이 오는 소리

개구리 소리

초여름 한적한 시골마을
야산에는 신록이 여물어가고
들판은 힘차게 솟아오른 벼이삭들
싱그럽고 무성하다
초록으로 풍요로운 산과 들

해 저무는 석양 어두움 깔린 들판
여기저기서 들려오는 개구리 울음 소리
임 그리는 소리일까 배 고파 우는 소리일까
개골개골 시골 고요를 깨운다

그리워 울던 배고파 울던
그저 밤의 고요 위에 두드러진
자연의 노랫소리
이참에 시 한 수나 읊어볼꺼나
흥얼거려본다

봄이 오는 소리
-마음 굴절 뒤

관악산을 오른다. 소, 대한이 지나고 입춘 우수까지
지났으니 완연한 봄, 차가움 벗어난 계절인데
산허리 빙빙 둘러
소복소복 눈꽃송이 나뭇가지들
순박한 백의민족 우아한 상징 패션
벚꽃보다 아름답고 황홀하지 않느냐며
메마름을 달래란다

며칠 후 사각사각 밟히던 소리 여운 뒤로
눈꽃송이 녹아내려 탐스런 모습 사라지니
본래의 앙상한 가지나마 마음 아련하다
순간 아니야 그것이 본래는 아니야
고개 젓는 사이 나뭇가지들 피부 속으로
결 따라 솟아오르는 물오름 소리

꽃잎 만지듯 한 바람소리
하늘 땅 입김소리 봄 오는 소리
감미로운 시냇물소리 파릇파릇
새싹 솟아나는 소리
힘찬 발걸음 산을 오르니
연주암 목탁소리 들린다

갈바람 소리

추석날 아침
조상 은덕 기리며 가족의 화목과 우애
정성 듬뿍 담긴 풍성한 차례상
경건한 마음으로 배례하고
오순도순 담소나누니 흐뭇한 풍경

명절 때면 찾아가는 가족묘
늦여름 아들 조카들 함께 땀 흘려
벌초한 잡풀이 그새 다시 솟아나고
주변 밤나무 가지마다 아람 밤송이
탐스럽게 열리어 갈바람에 흔들리다

돗자리 펴고 감사한 마음
차례 올리니 문득 아내 생각
자주 찾아오지 못해 죄스럽고
가슴 허해지는 말 못할 외로움에
콧마루가 찡하다

아내가 좋아하던 알밤
가지 흔들어 가득 주워 담고
돌아서는데 갈바람 소리
아내가 들려주는 목소리인가

어린 새싹

꽁꽁 깊은 잠에 빠져 있던
온갖 생명 기지개 켜고 일어나는
입춘 절기에 이어 우수
아늑한 봄 향기와 기운에 놀라
파릇파릇 고개들고 봄을 부르는
어린 새싹들
소중한 모든 생명 길러낸
어머니 같은 대자연의 품
아름답고 기이하구나

송년회

세월은 흐르는 물과 같다더니
팔순이 훌쩍 넘으니 허망한 느낌이 든다

매년 마무리 달이면 송년회를 갖지만
어린 시절 구슬 자치기 딱지치기 하며 놀던
코 흘리게 모임이 기다려진다

해가 갈수록 보이지 않는 친구들이 늘어나서
안타깝기에 남은 친구들 더 소중해진다
고사리 손이 커서
주고 받은 이 한잔의 술
오래오래 함께 할 수 있었으면 좋겠다

새해맞이 1

하늘이 붉게 물들다
붉은 해가 솟아오른다
이른 아침 산 정상에는 매서운 추위
아랑곳 않고 사람들은 환호성치며
새해맞이 분주하다

번쩍번쩍 터지는 카메라 불빛
한바탕 야단법석이다
돋는 해를 바라보며 저마다 염원을 담는다
새해에는 어떤 희망들이 펼쳐질까
큰 욕심 내려놓고
소소한 일상이 펼쳐진 자리
그 길을 따라 걸어야겠다

새해맞이 2

영하 10도를 넘나드는 매서운 한파
인산인해를 이룬 주문진 해변 백사장
세차게 밀려오는 검푸른 파도
사박사박 모래 밟는 발자국 소리
창공을 수놓은 하얀 연등 불빛
수평선 너머 붉은 아침놀 눈부시다

들뜬 마음으로 웅성대는 해맞이 관객들
저마다 스마트폰 치켜들고 동분서주
환호성과 함께 솟아오르는 붉은 해
플래시 터지는 소리 사방에 질펀하다
을미년 새해맞이 설레는 희망 품고
새로 맞는 한해를 기대한다

꽃바람

해마다 봄이 되면
바다 건너 산 넘고
강 건너 산 넘고
강 건너 도시에도
농촌에 소르르 불어오는
꽃바람

목련 개나리 진달래
꽃내음 향기 듬뿍 싣고
춤추며 오나니
마음 편안 행복 가득
그 무엇을 더 바라랴

낙엽 길

초겨울 쌀쌀한 어느 날 새벽
쫙 깔린 노오란 낙엽 길
바스락 바스락 밟히는 소리

앞으로 얼마나 살 것인가
어떻게 하면 고통 없이 갈 것인가
생각하니 마음이 아프고 서글프다

이제 그만 생각 말아야지
세월 흘러가면 잊혀지겠지
사는 동안 마음 편히 지내자

목련

싸늘한 이른 봄날 아침
탁 트인 높고 푸른 하늘

창 밖에는 활짝 핀
탐스런 목련 한 그루

따스한 아침 햇살
듬뿍 받아 안고

환한 미소 지으며
활기찬 봄을 재촉하고 있다

은행잎

늦가을 향기에 듬뿍 취해
온통 황금빛으로 물든
눈이 부시게 황홀한 은행잎

갑자기 몰아닥친 싸늘한 비바람에
지쳐 길바닥에 뒹굴고 밟히면서
쓰레기 신세가 된 쭈그러진 낙엽

계절의 바뀜은 대자연의 섭리
올겨울 유난히 외롭고 허전함은
멀리 가버린 님 때문인가 보다

함박눈

남쪽 바람 타고 눈 구름
몰려오더니 펑펑 쏟아지는
함박눈송이

앙상한 나뭇가지 마다
소복이 쌓인 탐스런 눈꽃송이
눈부시게 환희 빛나니 아름다워라

산에나 들에나 하얀 솜이불
곱게 펼치니 겨울나는 식물들
따뜻하겠지

주인 따라 나온 반려견들
이리 뛰고 저리 뛰고 좋아하니
바야흐로 개들의 천국이다

어디선가 날아온 까치 한 쌍
까치가 울면 좋은 일이 생긴다는데
올 한해 건강 행복 가득 했으면

태 양

태양은 붉게 타면서
만물 환히 비치고 기르며
탄다고 비친다고 기른다고
말하지 않는다

무량억겁의 무한한 세월
날마다 변함없이
타면서 비치면서 기르면서

오직 불
탄다 비친다 기른다
우주의 신비다

바다가 재재재

바다가 재재재
재잘거린다
여름 바다가

햇빛이 온 하늘의 물살처럼
내리꽂히니 바다 위 물결 위로
금빛 은빛들이 파다히 흩어진다

바다가 나비 떼처럼 날며
새 떼들처럼 날며
활력이 넘치는 갈매기들의
눈이 햇빛처럼 반짝인다

물방울마다 해무리가 지고
바다가 반짝 반짝 반짝
재잘거린다 눈부시게

억만년의 바다 위에
햇빛이 억만년을 내리꽂힌다

여름 무더위

내려꽂히는 오후의 태양
싱그럽기만 할까만 오랜 가뭄에도 잘 견디어
초록 물결 광활한 들판 대견함이 보이고
올 가을 펼쳐질 황금 풍년 기원하며
농사일 굳어진 손으로 권해오는 농주 우정
반가움 속에 즐거움 가득 고이는

들녘에 앉았다가 솟아올라 활짝 날개 펴고
창공을 나는 두루미
흙내음 듬뿍 안고 돌아 오는
발걸음 이리 가벼울까

제 2 부

새벽 기도

감자밭에서

찌는 듯한 불볕더위
조카가 힘들게 일구어 놓은 고향 텃밭
일도 거들어 줄겸 이랑을 헤치니
주먹만한 누렇고 둥근 감자 연달아 나오니
아내의 둥글둥글한 얼굴이 떠올라
가슴이 먹먹하다

수고했다고 챙겨주는 조카의 마음
한 상자 듬뿍 담아가지고
모처럼 아들내외 온 식구가 둘러앉아
맛있게 먹으며 즐거워하는 모습
문득 아내의 빈자리가
오늘따라 유난히 커 보인다.

새벽길 지나

음력 선달 열여드렛날 새벽길
푸른 하늘 밝고 둥근 달
어둠 품은 대지를 비치다

세차게 몰아치는 추위
으스스 몸이 움츠러드니
이제 겨울이 깊었나 보다

오늘도 집 근처 중앙공원에 나가
맑은 공기 마시며 둘레길 걸으면서
사색에 잠기다

내 인생의 새벽길 지나
겨울이 다다랐도다
아름다운 황혼을 꿈꾸며
어스름 새벽길을 걷는다

술! 술!

상대를 격려하고 위로하면서
부딪는 술잔에 화기애애 무르익고
한바탕 큰 소리로 박장대소하면
스트레스 날아가고 건강 활력소 보약일세

기분 나빠 한잔 기분 좋아 한잔
이유도 많다
오랜 시간 잔을 주거니 받거니 하다 보면
술에 장사 없듯이 정신 몽롱하여
술 먹으면 개,
되는 독약이기도 하지

보약도 과다 복용하면 건강 해치고
좋은 음식 과식하면 부작용 생기는 법
물 수(水) 변에 닭 유(酉)가 술(酒)이 듯이
닭 물 먹듯 조금씩 천천히 마셔야 한다
그래서 절제함이 주법이던가
술! 술술 넘어가는 술!
오늘도 한잔 하세나 그려

아내의 새벽 기도

자율신경 장애로 보행이 불편한 아내
무릎 꿇고 손 모아 새벽 기도 경배의 모습
감사하기도 안쓰럽기도 하다
괴로운 번뇌 삭이며 고마움
속삭이는 보리심
가족의 수복강녕 비는 나지막한 염불소리
임의 미소 은혜로 다가와
고요한 새벽 공기 어루만질 때면
향기의 포말들이 혈관으로 스미고 왕성한
삶의 의욕 둥둥 떠다니며 가득한 행복
포근한 가피 안개 한없이 흘러 퍼진다.

바보 상자

애지중지했던 스마트폰
실수로 잃어버리고 나니
사용할 때는 몰랐는데
긴요함을 새삼느낀다

세상으로부터 철저히 차단되고
고도에 갇힌 채 안절부절 못하다가
그 놈의 위력에 순간 바보가 된다

다시 되찾고 보니
내가 잊어버렸던 모든 것들을
그 놈은 술술 토해내고 있었다
분명 내 분신이 된지 오래다

그리운 어머니

기쁨보다는 걱정으로 한세상 사시다 가신
나의 어머니
곁에 계실 때도 떠나신 후에도
공기처럼 쉼없이 호흡케 해 주시는
어머니

잊은 날이 더 많은 이 아들
50주년 기일을 맞아
이제라도 고마움과 그리움으로
불효 참회 간절함으로 절합니다

아버지

가난한 농민의 아들로 태어나
농사를 천직으로 한평생 살다가신
나의 아버지

사실 때에나 돌아가신 다음에나
그 긴 세월 잊고 산 나날이 많은
나의 아버지

오늘은 쉰 넷의 나이로 일찍 돌아가신
아버지 기일
지금까지 오랜 세월 잊고 산 불효를 뉘우치면서
내 삶을 주신 고마움 평생 잊지 않기를

가신 지 반세기가 훌쩍 넘고
살아계실 적 모습이 아직도 또렷해
그리운 아버지 조용히 불러본다

그 날을 기다리며

3월은 만물이 소생하는 약동의 계절
내 곁에 다시 돌아올 수 없는
당신 생각에
애타도록 그립고 보고 싶어
속속들이 아프도록 쓰린 마음
세월은 흘러 당신이 하늘나라 간지
오늘이 꼭 3년이 되는 날
있을 때 잘해 주지 못한 아쉬움
후회하고 뉘우친들 무슨 소용 있으리오
달이 가고 해가 바뀌어도 평생 잊지 못할
당신
훗날 저 세상 올라가 다시 만나
이생에서의 고통 외로움 모두 다 잊고
영원토록 즐겁고 행복하게 지냅시다

새해 인사
-아내에게 보내는 편지

을미년이 가고 병신년 새해가 밝았어요
오늘 새해 첫날 아침 불현듯 당신이 무척
그립고 보고 싶네요
당신이 내 곁을 떠난 지 엊그제 같은데
어느새 5년이 가까워지고 있네요
그동안 쌓인 그리움 마음속 깊이 젖어 있어요
그러나 이 몸 죽은 후 당신 머문 곳에 가서
함께 있을 생각하면 외롭거나
슬프지 않아요
양보다 순하고 천사보다 착한
당신
천국에서 편히 지내고 있지요
먼 훗날 그곳에서 다시 만나요

파도처럼

당신 저 먼 길로 보내던 날
엊그제 같은데
시간의 수레는 쉬지 않고 돌아
어느새 제 자리 찾아오고
홀로 잠 못 들어 더욱 길어진 밤
눈 감고 누워도
파도처럼 달려오는 당신 생각
마음은 허공을 한없이 헤맵니다

평생 잊지 못할
외로움 알알이 모아 두었다가
먼 후일 당신 만나서
못다 한 수많은 이야기
하나 둘 풀어내어 들려드리리다

새벽 운동

연중 제일 덥다는 대서
운동복 차림으로 배드민턴 라켓 메고
석천공원 향해 가벼운 발걸음으로
가로등 불빛 밟으며

한산한 도로 전조등 번쩍이며 달리는
자동차 행렬 새벽 바람 솔솔 불어오니
녹음 속 더위에 지친 매미 울음소리
요란하다

다시 만나 반가운 얼굴들
새벽 공기를 가르며 주고받는 셔틀콕
등줄기 땀은 비오듯 흘러내리고
진 자와 이긴 자도 없는
웃음소리 가득한 석천공원 배드민턴 장
오늘도 건강을 한아름 담고 간다

친구여

친구여 아등바등 힘들게 살지 말게나
고작 살아야 백년 안팎 인생인데
흘러가는 구름도 쉬었다 가지 않는가
앞만 보고 성급히 달리지 말게나

고향 솔밭에서 지친 마음 달래며
잠시라도 편히 쉬었다 가게나
많이 가진 자도, 없어 힘든 자도
웃고 울며 사는 것이 인생이라네

너무 힘들어 말게나 마지막 갈 때는
많이 소유했던 자도 결국 한 줌의
재만 안고 흙으로 돌아간다네

성불사에서

부처님 오신 날
가현산 성불사 대웅전 앞마당
봄바람 연등 물결 다채롭다

손 모으고 들어간 법당 안
흘러나오는 은은한 독경 소리
들으면 듣는 대로 불심에 심취되다

스님의 염불에 맞춰
지극정성 불공 올리니
그 순간이 극락이 아니겠는가

황혼에 접어든 나의 삶
삼 독심 다 버리고
감사하는 마음으로 살고 싶다

*삼 독심 : 욕심, 성냄, 어리석음

호국영령들의 넋을 기리며

반만년 이어온 사랑하는
대한민국
조선 말기 일본 제국주의 침략전쟁
조국을 빼앗긴지 삼십육 년
태평양 전쟁 일본 패망으로 해방 맞아
미소 강대국 신탁통치 한반도가 남북으로 양단되고
사상으로 분열되고
대항하다 희생된 수많은 호국영령들
그대들의 고귀한 생명 바쳐 다시 찾은
대한민국
오늘날 경제대국 우뚝 서
참으로 장하고 거룩하다
호국영령들의 살신성인 나라 사랑
조국통일 이룩함이 간절한 희망이요 염원이다
통일의 소원을 목 놓아 부른다
호국영령들의 거룩하신 넋을 기리며

천안함의 영웅들이여

살아서 돌아오리라 무사히 웃는 얼굴로 돌아오리다
사랑하는 사람들 곁으로
대한민국 품안으로 돌아오리라
매일매일 간절한 마음으로
염원하고 기도하였습니다

애타게 울부짖는 소리가 들리지 않습니까
울다 지쳐 넋을 잃고 실신하는 모습
칠흑같이 어둡고 차가운 깊은 바닷물 속에서
싸늘한 몸으로 돌아오셨습니까
그나마 여덟 분은 왜 돌아오지 못하고 계십니까

당신들은 국가와 국민을 위하여 고귀한 생명을 바친
무적 해군 대한민국의 위대한 영웅입니다
당신들의 고귀한 희생정신 길이길이
영원히 잊지 않겠습니다
안락한 하늘나라에서 편안히 잠드소서

은하에서 무지개로

25년 정든 은하에서 이웃 무지개로
이사를 했다
딸과 함께 가니
마음 든든하여라

기쁠 때나 슬플 때나 주민들과 미운 정
고운 정 들었는데 자주 보기 어렵다고
생각하니 한편 서운하기도 하다

한평생 살아오는 동안 서너 번 이사
하였는데 마지막이란 예감이 드니
무상한 마음 아련히 수수로워라

이제 새 단장한 집에서 남은 인생
건강하게 살다가 고통 없이 자연으로
돌아가 아내의 곁에서 편히 쉬리라

*은하와 무지개: 경기도 부천시 아파트 마을 명칭

공원길

푸른 숲 연못 실개천 야외 음악당
저명 인사들 동상과 시비가 있는
아름답고 사랑받는 문화공간
매일 새벽 어둠을 헤치고
맑은 공기 마시며 산책을 즐긴다

손을 잡고 걷는 사람
무리지어 뛰는 사람
이어폰 귀에 꽂고 혼자 걷는 사람
모두 건강 바라는 한결같은 마음
중앙공원 공원길은
행복이 가득 차 있다

한바퀴 1600미터 다섯 번 돈 후
이마에 맺힌 땀방울 씻으며
집으로 돌아오는 길
내가 사는 날까지
공원길 계속 걸을 수 있다면

제 3 부

바다의 연주

바다의 연주

햇살이 사냥꾼 물총새의 부리 화살로
물을 향해 내려꽂힌다
바다는 화들짝 수표의 경련을 일으키며
금은빛 물결로 부서지더니 이내 자기를 추슬러
반짝이 옷으로 춤을 춘다
갈매기들이 은어 떼처럼 흐름 따라 율동의
날갯짓한다 눈이 부시다
바다와 갈매기 하늘과 춤사위 삼중주
햇빛 내려꽂히는 무대는 마냥 즐겁다

산 새

초여름
계양산 숲속
산새들 지저귄다

은방울 굴리듯 맑고 고운 소리
그 소리에 화들짝
어둠이 밝혀지고
그것은 분명 삶의 노래이다

꽃처럼 곱고
이슬처럼 맑고
공기처럼 상쾌한 아침이 열리고
계절이 열리고
하늘이 열리는 소리

밤

홀로 누워 고적한 밤
아내 생각 떠오르니
그립고 보고 싶다

사는 동안 잘 해주지
못한 죄책감에 늘 마음 아프다

지난 일 뉘우친들 아무 소용없으니
잊을 건 잊어야지

자정이 가까운데
이제 자야지
눈을 감고 잠을 부르다

기적

초등학교 1학년 코흘리개 어린 시절
학질약 먹고 까무러쳐 깨어나니
어머니 눈물 글썽
중학교 2학년 무렵 집에 가다 미 군용차에 치여
죽었다는 소식 듣고 어머니 실신
서울역 구내에서 밤 근무 중 돌발 차량에
부딪쳐 선로 밖으로 쓰러져 비켜간 운명
1999년 여름 인천 강화도 놀러가다
빗길에 미끄러져
다리 가장자리 맨 끝에 멈춰 피해간 죽음의 비극
이제야 삶에 고마움 잊고 살아온 어리석음 후회하며
황혼 인생 감사하는 마음으로
열심히 살아야겠다

그리움

부부 연을 맺고 반백년 함께 살아온
비단결보다 곱고 순한 양보다 착한 사람
세월가면 당신 생각 잊어질까
아니 잊어질 줄 알았는데
날이 가고 달이 갈수록 더더욱
마음 속 깊이 스며드는 그리움

불러도 대답 없는 그리운 당신
못 잊어 생각날 때마다
눈물겹도록 보고 싶은 마음에
눈시울이 촉촉해진다

꿈

팔 년 전 내 곁 떠난 아내
한 번도 보이지 않다가
웬일인지 어제 밤 꿈속에
나타났다 금세 사라지니 아쉬워

자주 찾아보지 못한 죄책감 일고
나쁜 일 있지 하는 생각에
꺼림칙한 마음으로 찾아간 유택

조상님과 아내 영혼 함 품에 안고
편안히 잠드시라 기원하니
돌아서는 내 마음 흐뭇하네

회고

마흔셋 늦은 나이에 날 낳으신 어머니
쉰넷 이른 나이에 돌아가신 아버지
생각할수록 마음이 아련하다

홀어머니 슬하에서 집안일 도우려고
소 풀 뜯기고 밭 매고 나무하던
어린 시절 어떻게 지냈는지 꿈만 같다

그래도 고생했던 그때를 잊지 못하는 것은
내가 나고 자란 고향 아버지 어머니의
고달픈 삶이 서린 땅이라 그런가 보다

이제 황혼기에 접어든 인생 어차피 가야할 길
조상님 부모님께서 기다리는 고향 가족묘원에서
영원토록 편히 쉬고 싶어라

지나온 삶을 돌아보며

나라 잃고 이름마저 빼앗긴 속박과
눈물의 땅에서
강제로 일본 말 배우며 자란 철없던 어린 시절
남북으로 양단되고 분열된 나라에서
동족상잔의
공포와 비애로 얼룩진 소년 시절

전쟁으로 폐허가 된 땅에서 생활고에 허덕이며
가난 벗어나려고 발버둥치던 청년 시절

국가발전 위하여 고군분투하며 경제 발전 이뤄
선진국 진입에 동참의지 지나온 삶 돌아보니
고통 괴로움 슬픔 즐거움 희망이 뒤범벅

아쉬움만 남고 모두가 허무할 뿐
언젠가는 자연으로
돌아갈 인생 조용히 살다가 고통 없이 가고 싶다

작별 인사

고요한 새벽 공기 가르는 요란한 전화벨 울림
어머니가 위급해요
귀청 때리는 다급한 아들의 목멘 음성
황급히 달려간 순천향병원 중환자실
인공호흡 목관 입에 문 채
가쁜 숨 거칠게 몰아쉬는 아내

십여 분간 계속 반복된 의사의 인공호흡
깨어나기를 염원하는 간절한 마음 저버리고
서방정토 극락세계로 먼저 간 당신

복받쳐 오르는 아픈 마음
눈물 삭여 속으로 삼키며
당신 볼에 입맞춤 작별인사
미안해요 사랑해요 다시 만나요

용서 받을 수 있다면

떠나버린 아내 떠오르는 아픔들
천사 같은 아내
죄스러운 마음 용서받을 수 있다면
얼마나 좋을까 동창회 문인회 산악회 수다한 모임
고삐 풀린 망아지처럼 빈번한 가출 외도에도
불평 없이 손 저어 미소로 보내 주던 착한 아내

불편한 몸 고독한 심정 헤아리지 못하고
더러는 성내며 아프게 한 어리석은 일들
이제 와서 후회한들 무슨 소용 있을까만
불러도 대답 없고 돌아올 수 없는 사람
보고 싶은 마음에 당신 사진 어루만지며
조용히 속삭여 본다
편히 쉬라고, 진심으로 사랑한다고

외로움

한여름 저녁 무렵
거실에 서서 물끄러미 창밖 내다보니
외로움이 마음 속 깊이 밀려오더라
이제 그만 잊어야지 하면서도 문득
그립고 보고 싶은 아내 생각에
가슴이 미어지고 쓰리더라
문 박차고 나와 근처 공원 산책
이웃 주민들과 웃으며 인사 나누니
마음속에 서린 외로움 차츰 풀리더라
가벼운 발걸음으로 집에 돌아와
명시도 읽고 텔레비전 보고 나니
한결 마음이 편안해지더라

부글부글 끓는다

속이 들끓는다 부글부글
울화가 치민다
터지는 활화산이다

최순실 특검 국정조사
대통령탄핵 촛불시위
부글부글
끓는다 치민다 터진다

이제 그만
시위를 멈추고 조용히
헌재의 판결 지켜보자
이것이 자유민주주의 법치다

다짐

나는 어디서 왔다가 어디로 가는 것인가
인생이란 인연 따라 이 세상에 나왔다가
인연 따라 저 세상으로 가는 것
욕심 성냄 어리석음 다 버리고
마음 비우고 편안하게 그리 살리라

사는 동안 지은 잘못 참회하며
부처님께 귀의를 다짐하는 오늘
오늘이 남은 인생의 첫날이니
내일은 없다 라는 마음으로 최선을
다하며 살아가리라

김장

옛날이나 지금이나 한국인의 밥상에
빠지지 않고 오르는 전통 반찬인
건강식품 김치

새우젓 고춧가루 이긴 마늘 파 생강 버무린
양념 배추 속 사이사이에 골고루 무치느라
분주한 며느리와 조카며느리들의 손길

양념으로 범벅이 된 손 피로한 기색이 역력한 얼굴
오랜 시간 고단함도 잊고 계속 양념 넣던 며느리가
싸 준 배추쌈의 고소한 맛 일품이다

형님 애 많이 쓰셨어요 아우들도 수고 많았어
김장 마치고 환한 얼굴로 헤어지는 모습 보니
가슴 뿌듯하고 흐뭇하다

골칫덩이 손자

중학 3학년 사춘기 골칫덩이 손자
피씨 방에 가고도 안 갔다고 밥 먹듯 거짓말
몰래 가져가고도 안 가져갔다고 시치미 떼니
자식의 탈선을 걱정하는 부모의 애타는 마음
보기에 무척 안타깝다

사랑의 매를 들기도 하지만 그때뿐 얼마 안 가서
언제 야단맞았냐는 듯 태연하게 또 거짓말 하고
피씨 방에 가니 어쩌면 좋을까 걱정이 앞서 정말
답답하고 속상하다

사춘기라 하지만 맞벌이 하는 부모 마음
생각해서
정신 바짝 차리고 공부 잘하고
걱정 안하게 한다면 얼마나 좋을까
아무쪼록 착한 손자가 되기를 간절히
바랄뿐이다

강녕하세요
-기로연에 부쳐

타임머신을 타고 조선조 임금님을 뵈옵니다
"많이들 오셨구려 백성들 안녕을 위해 애써주셨으니
자 오늘은 한잔씩들 받으시오"
"황공 하옵니다" 하사주 한 잔씩 받아 들고
보람을 찾던 옛날
임금님께서 정2품 이상의 벼슬하신
원로대신들을 위하여 잔치를 베풀던
제도를 새겨봅니다
오늘 기로연에 오신 덕 높으신 어른신들
큰 환영 속에
진심으로 반갑습니다

우리가 잘 사는 것도
어르신들께서 고생하시고
애써 주신 덕분이라 생각하며

임금님 하사주는 아니지만
서로의 정성을 모은 마음주 가득 담아
축배 올리오니
오늘은 흥에 내일은 정에 즐거운 시간
두 손 모아 간절히 빕니다

오늘같이 좋은날
-친구 고희연에 부쳐

늠름하고 듬직한 사나이 중의 사나이
고향 친구 고희 잔치
한복 곱게 차려 입은 친구 내외
만면에 웃음 활짝 돈독한 부부애
아들 며느리 딸 사위 손자 손녀 행복 가득
지극한 효행 보았네

경사로세 경사로세 지화자 좋네
우리 모두 다같이 마음주
가득 담아 잔 높이 들고 축배 올리세
구구 팔팔 만만세 소리 높이 외치며
오늘 같이 좋은 날 기쁜 날
박장대소 신나게 노래하며 춤추세
한잔 술에 취하고 흥에 겨워 취하고
밤이 온들 날이 샌들 어떠한가
친구여 내 죽마고우여
행복기원 강녕기원 간절한 바람
가족 일가친척 친지 모두의 바램이리

희수

올해 내 나이 일흔일곱
어릴 적 딱지치고 제기차며 놀던 시절
엊그네 같은데 세월의 수레바퀴 돌고 돌아
어느새 검던 머리카락 하얗게 물들고
얼굴은 주름살로 가득
인생의 무상함이여

살아 있다는 것만으로 감사하고
남은 인생 사랑하고 배려하며
용서하는 마음 깊이 간직하고
항상 건강하고 즐겁게 살다가
영원한 안식처 찾아
돌아가고 싶은 마음

인생길

앞만 보고 걸어왔는데
해는 서산에 걸리고 칼바람에 눈발도 날린다
돌아보면 아득한 길 첩첩이 쌓인 높고 낮은 산
저 고개 저 산허리 어떻게 헤치고 살아왔을까
끈질긴 생명력이 대견키도 하지만 가슴에 치미는 회한도 크다
나이 많다는 핑계로 아무것도 이루지 못한 후회
인생 대조표가 초라하지 않은가
대신 살아 주는 것도 아닌데 세월이야 가겠지
살지는 않았던가

해마다 이때쯤이면 후회로 가슴을 치지만
노력 없는데 무슨 열매가 있을까
이제는 앉고 눕고 쉬고 싶다
열정도 식고 팔 다리에 힘도 빠지고
기억력도 흐려간다
춥다고 아랫목 지키고 있어서는

떨치고 일어나야 한다
한번 뿐인 인생 허송해서야
마지막 황혼 발갛게 불태워야
열정을 다해 사랑과 꿈을 품는 일도
포기해서야
오늘도 사랑 하나 가슴에 품는다

제 4 부

가을 들녘에 서서

봄이 오는 소리 · 2

사르르 녹아내리는 뽀얀 아지랑이
속삭임으로 정겹다
감미로운 시냇물 소리
나뭇가지 끝까지 결따라 솟아올라

어느새 파릇파릇 새싹이 돋아나는 소리

꽃잎을 만지듯 한 바람 소리
하늘 땅의 입김 소리

봄봄 봄이 오는 소리

겨울을 깨고

아지랑이 아롱아롱
버들가지 새록새록
산새도 재잘재잘

봄 오는 소리에 놀라
겨울 내내 먹지도 꼼짝도 않고

겨울잠 자던 개구리
바깥 구경하고파
튀어 나오니 반갑네

길목에서

꽁꽁 깊은 잠에 빠져 있던
많은 생명 잠 깨우는 문턱
입춘 절기에 이어 대동강 물 풀린다는
우수도 어느덧 하룻밤 꿈길 같네
먼저 이 세상 살다 가신 옛 선인들의 말
세월이 유수라 했거늘 세상 살아보니 눈에 보이네

대자연의 신비
어린 새싹들
나와 소중한 모든 생명 길러낸
자연의 섭리와 아름다움 느끼네

부석사를 찾아서

4월의 따뜻한 봄날 고향 선배와
천년 고찰 소백산 부석사에 찾아 드니
무심한 구름은 오락가락 산뜻한 봄바람
꽃향기가 반갑게 살며시 품어 안는다

고색이 창연한 무량수전의 위용
사뿐히 고개 쳐든 지붕의 추녀 곡선
그 추녀와 배흘림기둥의 점묘한 조화 보고 또 봐도
웅장함과 아름다움이
천년 고찰의 면모를 느끼게 한다

아름답고 화려한 기품이 서린
무량수전 앞 석등
여기에 새겨진 4개의 창 연꽃무늬 윗 받침돌
연꽃봉오리 보살상의 정교한 소각들은
국내 유일의
가장 우수한 조각물이라고 불려지고 있다
의상대사의 진영을 모신 조사당

화엄 사상을 가르치며 제자들을 양성한 이곳
처마 밑에서 자라고 있는
전설의 꽃 선비화는
의상대사가 꽂아 놓은 지팡이가 자란 것이라고

반갑다 영주땅 산천초목
모두 다 감화의 느낌이란다
무량수전의 기와 한쪽 석등에 새겨진
조각 한 점에도 천 년 전 문화의 꽃 향기롭다

꽃내음

희뿌연 새벽하늘에
낮달이 하나
노란 우산 같은
반달이 하나

아파트 단지 정원에
활짝 핀 목련 꽃

봄바람에 실려 온
향긋한 봄 냄새
고원에 가득 풍기니
기분이 좋아

단비

봄비 바람 치여 실같이 휘날리다
두고두고 뿌려도 그칠 줄 모르네
겨울 내내 얼어붙은 땅 풀리니
내릴 대로 내려라

목마른 나뭇가지 단물이 오르도록
마음껏 뿌려라 스미어 들어라
산에도 내리고 들에도 뿌리는데
우리 마을엔들 안 오겠나

우수 경칩도 지났으니 개구리
잠 깨어라 새싹들아 돋아나라
단 봄비 만물을 소생케 하니
반갑게 맞이할까 하노라

관악산을 오르며

계절은 차가움 벗어나는 봄인데
은가루 뿌려 놓은 듯 하얀 관악산
바위 나무 풀 모두 백의 천사 흰옷 입고 있다
나뭇가지마다 소복소복 눈꽃송이
활짝 웃는 벚꽃보다 아름답고 황홀해
무릉도원이 따로 있나 여기가 무릉도원이지

조금 지나며 눈꽃송이 햇빛에 녹고 바람에 시달려
송이송이 떨어져 앙상한 가지 모습
내 마음 수수롭겠지
하지만 오늘 낼 앙상한 가지 물오르겠지
봄 재촉 사각사각 눈 밟는 소리
따스한 햇살 연주암이 보인다
목탁소리 들린다

봄의 찬가

희뿌연 하늘에서 실바람 타고 사뿐히 내려와
메마른 대지 촉촉하게 감싸 안는 반가운 봄비

남쪽에서 불어오는 따스한 봄바람
잠에서 깨어나듯
파릇파릇 돋아나는 버드나무 잎사귀

거리에는 화사한 각양각색 의상 갖춘
우아한 몸매로 눈길 끄는 젊은 여인들
생명이 소생하고 활력이 넘치는 봄
봄이 왔네 버드나무 끝
여인의 가슴속에도

봄바람

1

바람이 불어온다
따스한 봄바람이
바다 건너 산 넘고
강 건너 벌판에도
도시의 공원마다
농촌의 텃밭에도

바람이 불어온다
봄이 온다는 봄바람이
희망 싣고 행운 안고
부드럽게 춤을 추며
춤을 추면서 오다

2

얼룩진 하늘에
낮달이 둥실
쪽박 같은 낮달이 둥실

아파트 정원에는
봄의 이야기
솔솔 불어오는 봄바람
내 뺨을 스치는
봄바람

찜통 더위

연일 푹푹 찌는 찜통더위
후덥지근한 열기로 가득 찬 거실
찜질방처럼 후끈후끈하다
온몸이 노곤 꼼짝하기 싫어
오랫동안 실내에 있자니
몹시 지루하고 답답하다

에어컨 켜도 별로 시원치 않고
목욕 하니 한결 산뜻하다
상쾌한 기분 맑은 정신으로
시상 떠올리며 더위도 잊은 채
시 짓기에 몰두하다

장마

여름 이맘때 찾아오는
반갑지 않은 불청객인 지긋지긋한 장마
올해도 예전에 보기 드문 산사태 하천범람
농경지 침수로 인한 농민들의 피해, 아픈 마음
무슨 말로 위로하리요

오늘도 어제도 쉴 새 없이 쏟아지는 장대비
메뚜기도 한철인데 요즘처럼 장사가 안 되면
무엇 먹고 사느냐고 아우성치는 관광지 상인들의
가슴 아픈 사연 그 누가 알리요

비가 오고 안 오고 하는 것은 대자연의 섭리
인간의 능력으로는 도저히 불가능한 위력
언제쯤 비가 멈출 건가?
비가 빨리 그쳐 모두 다 행복과
즐거움이 가득하기 바랄 뿐이요

초가을 비

새벽부터 천둥 번개 초가을 비
매일 근처 공원에 나가 치던 배드민턴 포기하고
거실에 기대 앉아 비 내리는 창밖 내다보다

희뿌연 구름 바람 타고 빠르게 흘러가고
세찬 풍파에 지친 나뭇가지들
물결치듯 거세게 출렁거린다

거센 바람에 휘어지는 우산 놓칠세라
힘껏 움켜쥐고 걸어가는 초등학교 어린 아이들
안쓰러움과 대견함이 엿보인다

가을

끝없이 넓고 눈부시게 푸르른 하늘
옷깃을 스치는 아침 저녁 소소리 바람
어느새 가을이 깊어만 가네

온통 단풍으로 울긋불긋 물들은 산
친구끼리 연인끼리 정담 나누며
산을 오르는 모습 정말 보기 좋네

황금 벼 무르익어 출렁이는 들판
수확의 기쁨에 신바람 난 농민들
코스모스 들국화도 한들한들 춤을 추네

검푸른 파도가 넘실대는 드넓은 바다
만선의 기쁨 안고 미소 짓는 어부들
뱃전을 맴도는 갈매기도 반갑게 맞이하네

가을 들녘에 서서

바람 한줄기
코스모스 수줍은 분홍빛 고운 볼 어루만지며
애정 표시에 흠뻑 젖고 있네요

목화구름 한 떨기
들국화 보랏빛 얼굴을 솔솔
살갑게 다솜짓 하네요

소나기 한차례
그 강인한 억새풀 쓰담아 달래며 스쳐간 뒤
부드럽고 하얀 춤 노래하네요.

가을바람

길섶 코스모스 분홍빛
고운 볼 어루만지며
가을바람 들길 들국화
보랏빛 얼굴 쓰다듬으며

가을바람
언덕길 억새풀 하얀 머리
솔솔 만지며
산들산들 속삭이네
가을이라고

산들산들 노래하네
푸른 하늘을

초겨울 비

비가 온다 초겨울 비가 내린다
허공 가르며 대기를 뚫고
바람에 치여 흩날린다

가지만 앙상한 가로수
비에 젖어 여기 저기 흐트러져 밟히는
낙엽 보면 왠지 마음이 허전해진다

비는 마냥 내린다 차창 두드린다
윈도 브러시가
쉴 새 없이 오락가락 한다

눈 오는 저녁 무렵

거무칙칙한 구름으로 온통 뒤덮인 저녁 무렵
세찬 바람 타고 흰 눈은 퍼붓는데
내다보니 왠지 알 수 없는 그리움과 외로움이
한꺼번에 치밀어 오르다

눈이 좋아 거동이 불편한 몸인데도 눈 밟고
싶어 하던 아내 마음 헤아리지 못 하고 손잡고
같이 눈 위를 걸어 주지 못한 생각에 마음이
쓰리고 아프다

이제 와서 지난 날 어리석음 후회한들 무슨
소용 있겠는가마는 생전에 유난히 눈 좋아하던
아내 모습 떠올라 더욱더 그립고
간절하다

눈 내리는 날

하늘에서 내려오는 은빛 가루
하얗게 물든 창밖 풍경 내다보니
어릴 적 집 앞마당에 수북이 쌓인
눈밭에서 뛰어 놀던 생각난다

시린 손 호호 불며 눈 둥그렇게 뭉쳐
눈사람 만들고 동네 또래 아이들과
눈싸움 하며 시간 가는 줄 모르고
지내던 그때 그 시절 친구들 그립다

지금쯤 어디서 어떻게 살고 있는지
죽기 전에 만나보고 싶은 마음
그 누가 알아주리
마음 허전하다

겨울 비

비가 내린다 겨울 비가 내린다
허공에서 대기를 뚫고
바람에 치여 부슬부슬 날린다

앙상한 가로수 아래
여기저기 흐트러져 밟히는
낙엽을 보면 왠지 허전해진다

빠르게 움직이는 윈도 브러시
도리질할 때마다
외로움이 가슴을 적신다

제 5 부

풍경은 바람결에

소금산 층층다리

소금이 난다하여 불려졌으랴
소금강을 빼닮았다 불려졌으랴
경사 팔십도 그 이상의 가파른 층층다리
내려보니 천길 아찔
힘주어 난간 잡고
발디디니 등골 오싹 소름 현기증
산행수년에 처음인 듯 낯선 험로,
올랐으니 내려는 가야하고
조심 긴장 발걸음 옮겨 보는데
404층층이도 정이 들었나
달나라 다녀오는 날아갈 기분
땀 씻을 겨를없이 박수환호 정말 좋네

풍경은 바람결에

황해 파도 넘나들고 한강물 굽이쳐 흐르는 곳
광활한 벌판 낀 웅장한 계양산
느티 은행 소 감나무 영산홍 철쭉 모란
숲 내음 꽃 내음
때 맞춰 청량 음료로 호흡케 하는
청정 도량 계양산 성불사
부처님 진신사리 인연 따라 중국의 티벳
고다라꼰 사원에서 산 넘고 물 건너 이곳
장엄한 팔각 구층 석탑에 모셔져 있네

탑 가장자리 풍우에 시달린 흔적
풍경은 오늘도 스치는 바람결에
뎅그렁 뎅그렁 쇠소리
법회 범종에 함께 흐르고 합장한
경건한 마음
주지스님 목탁 축원에 사바세계 중생들
부처님 세계 환생 성불기원 나무아미타불
관세음보살 가슴 설레네

고향 길 회상

오랜만에 찾은 고향
인기척 나는 들판 비닐하우스에 들리니
칠십 평생 농사를 천직으로 살아온 옛 친구
고향 지킴이
주름진 얼굴에 반가운 웃음 머금고
풋풋한 시골 인심 옛 생각 떠올린다
오후의 태양 뜨거운 열기
오랜 가뭄에도 꿋꿋이 견디어
초록 물결 광활한 들판
올 가을 황금 풍년 기원하며
굳어진 손으로 권해오는 농주 우정
반가움 속에 즐거움 가득 고이는 오늘
창공을 나는 활짝 핀 두루미 날갯짓
흙내음 듬뿍 안고 돌아오는
내 마음 같아 발걸음 가볍다

화창한 봄날

높고 험준한 산이 많아 나는 새들도
쉬어 간다고 해서 이름 붙여진
문경새재

조선시대 상인 외지 사신들
과거시험 보는 선비들
청운의 큰 뜻을 품고 걸었던
경사스런 소식 간절한
소원의 길로 이름난 곳

주흘관 홍례문 양 옆 성축
성돌 하나하나에 스며든
조상들의 은근과 끈기 땀방울

장방형의 돌담으로 지어진 조경원 터
왕래하는 길손에게 숙식을 제공하던
머물고 싶은 마음 뒤로 하고
고모산성 오른다

눈앞에 펼쳐진 경북 제1경인 진남반교
기암괴석 깎아지른 듯한 층암절벽
봄이면 진달래 철쭉 절경 이루는
문경의 소금강

충북 문학 기행

정지용 문학관, 육영수 여사 생가를 다녀오다

탁 트인 초가을 하늘 맑고 푸르른 날
충북 옥천군 옥천읍

옛 초가집 모습 그대로 잘 단장된
정지용 시인의 생가
바로 옆 뜰에 세워진 왼쪽 손에
책을 들고 있는 그의 동상
보면 볼수록 소박하고 자상함을 느낄 수 있다
문학관에 전시된 많은 작품과 활동 기록 사진들
예전에 읽은 기억이 어렴풋이 생각나는 "향수"를
다시 보니 어릴 적 내가 살던 고향 생각

단아하게 현대식 한옥으로 복원된
육영수 여사의 생가
현재 충청북도 기념물 제123호로 지정된 문화재로
육 여사 생전 모습처럼 청아하고 우아한 느낌이 들다

창밖 긴 마루 벽에 진열된 박 전 대통령의 시와 가족 사진들
그중 육영수 여사 돌아가신지 1년이 되는 날 하루 전에 지은
시 "임이 고이 잠든 곳에"를 읽고 나니 가슴이 뭉클하다

문학의 향기를 찾아

화창한 봄날 문예비전 문인들과
김유정 문학촌에 찾아드니
어서 오라고 잘 왔다고 반갑게 품어 안다

고등학교 시절이었던가
젊은 문인의 조서함을 차탄하는 글 읽고
그때 그가 소설가 김유정임을 처음 알았다

한국 농민의 생생한 생활상을
독특한 언어 감각으로
해학의 세계를 형상화하다

고독하고 짧았던 파란만장한 생애
말더듬이 떡설이에서 한국문학의 대작가로
용트림하여 실레마을 그 향기 흘러넘치누나

소나기마을

소년 소녀
첫 만남 이어준 개울가 징검다리
하얀 조약돌 던져 애정 표현한 소녀

순수한 첫사랑 싹튼 곳
원두막 수숫단움막 도랑
따뜻한 정 간직한 소나기마을

시골 소년과의 첫사랑
끝내 꽃피우지 못하고
하늘 길로 떠난 소녀 애달퍼라

첫사랑 잃어버린 바보 소년
지금쯤 어디서 살고 있을까
아니 소녀 따라 갔을까

벳부온천

태평양 잔잔한 푸른 파도 넘나드는 곳
공기 맑고 아늑하게 느껴지는 일본 최고라는
온천지 벳부
곳곳마다 하얀 뭉게구름처럼 모락모락
피어오르는 수증기 그곳에 이천여 개의
크고 작은 온천이 있다네

시내 언덕 위 현대식 시설의 스기노이호텔
별관 옥상에 있는 전망대 온천장
벳부에서 유명하다는 온천이라네
맑고 깨끗한 욕실 그 속에서의 편안한 느낌
눈 아래 펼쳐진 시내 야경
지금도 잊을 수 없네

서울대공원

활짝 트인 높고 푸른 겨울 하늘
설원을 연상케 하는 눈 덮인 서울대공원 길
영하 16도를 오르내리는 매서운 한파
안면과 손끝이 몹시 시리다
군데군데 꽁꽁 얼어붙은 눈길
넘어질까 마음 조마조마
굼벵이 기어가듯
조심조심 천천히 걸어가다

길가 텅 빈 육각정에
빙 둘러 앉아 나누는 새해 덕담
주고받는 따끈한 커피 한잔
몸속 사르르 녹는 듯 포근하다
인기척에 모여든 새들
던져준 과자 조각 순식간에 먹고도
자리 뜨지 않고 머뭇머뭇
아쉽기만 하다

안개 낀 서울외곽순환고속도로

새벽 예불 올리러
계양산 성불사로 가는 길
안개 낀 서울외곽순환고속도로에 진입
사방이 짙은 안개로 앞이 캄캄
퇴행도 주차도 할 수 없는 어려운 상황
조바심과 긴장감이 스친다

정신 바싹 차리고
계양 나들목 벗어나 계산 시내로 진입하니
서서히 거치기 시작하는 안개
가로등 불빛 아래 환희 트인 대로
참았던 안도의 긴 숨 내쉬며
상쾌한 마음으로 절에 도착 예불 올리다

억새풀 덮인 왕릉

넓고 맑은 하늘
울창한 소나무 숲에 둘러싸인 조선왕조의
얼이 담겨 있는 경기도 구리시 동구릉
전통문화 담긴 독특한 건축양식
아름다운 자연이 어우러진 신성한 공간
세계문화유산으로 등재된 조선왕릉

귀중한 문화유산
길이길이 보전하고 진흥시켜야 함은
우리 과제
능에서 펼쳐진 조선 두 번째 왕 정종의 기신제
조상 숭배하는 전통 관습
후대에 이어지기를

누른 잔디밭에 발 쭉 뻗고 앉아
사진 찍고 글 읊으며 보낸
편안하고 흐뭇했던 문예비전 문인 모임

영산수륙재

다산 문화 유적지 팔당 상수원 광장
떡 사과 배 감 각종 과일로 푸짐하게 차려진
영산수륙 제단
상수원 수면 위로 잔잔한 물결 따라 울려 퍼지는
영가 천도 위한 스님들의 독경 소리
차례차례 제단 앞에 나아가 향 올리고 합장하며
배례하는 불자들

영가들의 왕생극락 염원하며 바라춤 추는 스님들
머리 위로 바라 치켜 올려 마주 칠 때마다
쟁 쟁 쟁 좌우로 빙글 빙글 돌라면 햇빛에
반사되어 번쩍 번쩍
머리에는 박사고깔 양팔 긴 소매 위 아래로
원 그리며 나부끼고 양발 사뿐사뿐 가지런히
모았다가 벌리니 나비가 꽃 찾아 날아갈 듯
아름다운 모습 구성지게 흘러나오는 회심곡

인생살이 공수래공수거라
탐심 버리고 베푸는 마음 갖도록 노력하면서
살아가야지 나무 석가모니불

전남 고흥 나로도

공기 맑고 한적한 나로도 유람선 나루터
사자바위 용굴(쌍굴) 우주센터 지나
외나로도 한 바퀴 도는 아담하게 꾸며진
유람선에 오르니 경쾌한 음악 소리에 신바람
절로 나다
물살 가르고 흰 물결 뿜으며 달리는 유람선
끝없이 넓고 짙푸른 나로도 앞 바다 크고 작은 섬들
주변의 아름다운 풍경 추억에 담느라 배 안 밖을
오가며 사진 찍기에 바쁜 우리 일행 반기고 있다
높은 산 뒤로 하고 바다를 마주하고 있는 웅장한
우주과학관 태극기 휘날리고 위용 과시하는
우뚝 솟은 나로호 발사대
머지않아 대한민국도 우주 개발의 선두 대열에 올라
우주 정복할 시대가 올 것이라고 생각하니 가슴이
뿌듯하다

호기심과 감동 속에 시간은 흘러 반환점 지나
나로도 향하여 되돌아간다는 방송이 흘러나오자
못다 한 여행의 아쉬움 달래며 음악에 맞춰
노래하고 춤추며 즐거움 만끽하다

한라산 사라오름 전망대

신록이 짙게 우거진 6월 이른 아침
등산객 붐비는 성판악 도착
해장국으로 들고 산에 오르다

사방은 고요하고 풀과 나무들로 빽빽한데
까마귀 울음 소리 산의 적막 깨운다
아마도 우리 일행 반기는가 보다

한참 걷다보니 사라오름 전망대 푯말이 보인다
해발 1300미터 왕복 40분 소요
수백 개의 계단을 올라가니 숨이 가쁘다

마주치는 하산객들의 주고받는 말
야 정말 아름답구나 구경 잘 했다
오르면서 이 말이 내내 귓전 맴돈다

정상 넓은 분화구에 맑은 물이 가득
마치 백두산 천지와 같이 아름다워
저절로 환성이 튀어 나온다

바지를 걷어 부치고 맨발로
맑은 물속에 잠긴 나무다리 건너니 발이
시리지만 기분 하늘로 날아갈 듯이 상쾌하다

청풍호 뱃길을 따라

청량한 바람결에 잔잔히 일렁이는 물결
강낭콩 꽃보다도 더 푸른 청풍호반
힘차게 물결 가르며 달리는 유람선 위에서
바라보는 호반의 그림 같은 풍경 뛰어나다

이국적인 풍경 물씬 풍기는 듯한
산속 깊이 자리한 아름다운 리조트 마을
기암절벽이 한 폭의 동양화 같다는 금수산
좀 더 가까운 곳에서 구경했더라면 얼마나 좋았을까

단애 이룬 석벽이
솟아나는 옥빛의 대순 같다하여 이름 붙여진 옥순봉
기묘하게 쭉쭉 뻗은 바위 산세의 굴곡과 어울려
최고의 경관 자랑하고 있다

아름다운 풍경에 취해 시간 가는 줄 모르고
목적지인 장회나루터에 도착하여 내릴 때쯤
언제 다시 올지 모른다는 생각이 번뜩 드는 순간
마음은 순식간 청풍호 달려가고 있다

강릉 나들이

스산한 기운이 감도는 봄날 아침
문예비전 문인들과 함께 어울려 KTX 열차에
몸 싣고 강릉에 다다르다

신사임당과 율곡의 삶이 시작된 오죽헌
풍겨 나오는 교육과 문학의 향기
절로 존경심이 우러나오다

허난설헌과 허균이 태어난 초당동 기념공원
조선 실학 발전에 크게 기여했으나
불행하게 삶 마감 안타까움을 느끼다

거센 바람 옷깃 여미며 경포호반 꽃길 산책
출렁이는 물결 소리 산책 나온 사람들의 웃음 가득
행복 가득 보는 내 마음 흐뭇하다

하늘 푸르고 드넓은 경포 앞 바다 사박사박 흰 모래
밟는 소리 멀리서 밀려오는 검푸른 파도 철썩철썩
거칠게 달려오는 광경 으리으리하다

금강사

을미년 새해 첫날 이른 아침
주문진 해변 백사장에서 새해맞이
감동 가득 품고 설레는 마음으로 도착한
오대산 국립공원 소금강

등산 길 따라 오르던 중 은은하게
들려오는 목탁 소리 들으며 다다른
금강사 대웅전에 들어가니 심금 울리는
여승의 나직하고 경건한 독경 소리

부처님 가르침 마음속 깊이 새기며
엎드려 무릎 꿇고 합장 배례
지난 날 잘못 참회하며 착하고 정직하게
살기를 다짐하며 법당을 나오다

하늘공원

한발두발 내디디며
하늘공원 올라서니
숨이 차고 힘들어도
벗들과 함께하니
마음만은 상쾌하네

널디 넓게
활짝 핀 억새꽃
산들산들 부는 가을바람
덩실덩실 춤을 추니
아름다운 풍경화로세

가족끼리 친구끼리
손잡고 모여 앉아
사진 찍는 모습 보니
부럽기 그지없네

마라도

넓고 검푸른 바다 위 마라도
누가 마라도라 이름 지었나
해물짜장면 해물짬뽕이 유명
너도 나도 먹자고 모여 드니
종업원 바쁘고 사장 좋아하네

제주도는 인심 좋은 땅인가 봐
돈 갚아도 되고 안 갚아도 되는
가파도와 마라도가 있으니
나도 이런 좋은 곳에 살고 싶네

2019. 10. 제주도에서

| 서 평 |

새벽길 지나

-이충우 시인 시집 출산 축하와 시상 향기 검증

김 병 식(시인, 평론가)

초산 노산의 산고를 우려하던 시인이 입덧을 끝내고 출산한다 했다.

장하십니다. 축하드립니다.

초경을 치른 수줍음을 탈피하고 시심 동심 깊은 수련생 8년 여 허허로움 속 넉넉한 낭만을 택하시더니 정과 배려의 삶으로 이웃을 윤택하게 하는 기술을 겸비하여 태생 시킨 《새벽길 지나》를 선보인다 했다.

어스름 새벽이 지나면 밝은 아침이 오겠지. 어둠과 밝음 어느 한쪽이 아니라 음양의 조화로 만들어진 하루의 시간이 계절과 세월을 만들어 흐르겠지. 그래서 추억이 생기고 오늘이 미래로 점철 되겠지. 생동감 동적 과정에 깊은 의미부여 박수를 보낸다.

전란, 초근목피 보릿고개 애환, 가시밭길 헤쳐오느라 술에 젖고 가난에 찌들고 아픈 통증에서 성장을 자위하던 시절 있었지. 사랑과 불륜을 구분 못하고 합리화 시키려던 철없던 시절도 꿈의 날개로 날아보고 부레와 지느러미로 해저를 누비던 쾌감의 젊은 시절 있었지. 좋은 시절 보내고 불혹 지천명 이순 스치며 공직(교통부) 임무수행 뒤 문예비전 문인회, 한국 농민문학, 연불교문학, 꿈빛책사랑, 등산, 배드민턴 동호회 등 문단내외 회장 이사 인적네트워크 소중함을 더욱 뜻깊게 다졌지.

아픔과 고독은 물렀거라 시사랑에 취하여 고희 회수를 지나 꿈과 현실의 공감 대화 시심 동심 농심 불심 천심을 읽어낸 열정으로 산수 미수의 팔순 능선에서 긍정과 부정 사이 부정을 긍정으로 변이시키는 윤활유적 시인의 시심이 독자에게 친근감으로 다가서는 자중감에 박수를 보낸다.

이쯤에서 시인의 시심 시상 향기 검증을 해보고자 한다. IQ EQ 지능 감성지수 최고조인 노장시인 애국가 4절은 기본, 철도 및 지하철노선 역명 암송 척척 김삿갓 김소월 한용운 님 등 유명 선배시인들 시를 낭송할 때면 토씨 하나 빠트림 없는 낭송 달인 기인 시인 친송을 받기도 하지.

군더더기 관념어 배제 시어 구사의 나노기술 감각기관 총동원 사물과의 대화 기술 묘사 기승전결의 순리배열 등 노력해도 일상습작에 불과하다는 시인의 겸손 모습을 보면서 호랑이 가죽을 그리되 뼈를 그리기 어렵고 사람을 그리되 마음을 그리기 어려운 것은 모든 시인들이 겪는 내홍이지만 좋은 시는 시인의 시심 시상 숙성에서 향기나게 됨을 말씀 드렸지. 진솔하고 넉넉한 시인의 너털웃음을 상기하며 작품 몇 편을 함께 음미해 본다.

봄이 오는 소리 · 2

사르르 녹아내리는
뽀얀 아지랑이 속삭임으로 정겹다
감미로운 시냇물소리
나뭇가지 끝까지 결따라 솟아올라//
어느새 파릇파릇 새싹이 돋아나는 소리//
꽃잎을 만지듯 한 바람소리
하늘 땅 입김 소리//
봄 봄 봄이 오는 소리

가을 들녘에 서서

바람 한줄기
코스모스 수줍은 분홍빛 고운 볼 어루만지며
애정표시에 흠뻑 젖고 있네요//
목화구름 한 떨기
들국화 보랏빛 얼굴을 솔솔
살갑게 다솜짓 하네요//
소나기 한 차례
그 강인한 억새풀 쓰담아 달래며 스쳐간 뒤
부드럽고 하얀 춤 노래하네요

바다의 연주

햇살이 사냥꾼 물총새의 부리 화살로
물을 향해 내려꽂힌다
바다는 화들짝 수표의 경련을 일으키며
금은빛 물결로 부서지더니 이내 자기를 추슬러
반짝이 옷으로 춤을 춘다
갈매기들이 은어 떼처럼 흐름 따라 율동의
날갯짓한다 눈이 부시다
바다와 갈매기 하늘과 춤사위 삼중주
햇빛 내려꽂히는 무대는 마냥 즐겁다

아내의 새벽기도

자율신경장애로 보행이 불편한 아내
무릎 꿇고 손 모아 새벽기도 경배의 모습
감사하기도 안쓰럽기도 하다
괴로운 번뇌 삭이며 고마움 / 속삭이는 보리심
가족의 수복강녕 비는 나지막한 염불소리
임의 미소 은혜로 다가와
고요한 새벽 공기 어루만질 때면 향기의
포말들이 혈관으로 스미고

왕성한 삶의 의욕 둥둥 떠다니며 가득한 행복
포근한 가피안개 한없이 흘러 퍼진다.

미세먼지 삶의 위협에서 벗어나자며 녹색성장 저탄소 운동을 부르짖는 현실이다. 낭만의 바다, 탁한 오염을 싱그러움으로 정화하며 피톤치드를 뿜어내는 힐링의 숲 나무와 꽃과 새들의 교감 자연이 주는 선물 그런 분위기에 취하면서 그려낸 시인의 시편을 설레는 마음으로 본다.

동심을 불러오는 '봄이 오는 소리 · 2'에 맞춰 씨 뿌리고 가꿈을 느끼고, 화들짝 수표의 경련을 일으키는 은빛파도와 갈매기 먼 수평선이 발끝에서 일렁이는 듯한 '바다의 연주' 향기의 포말들이 스미고 왕성한 삶의 의욕 솟아나게 해주던 떠난 님 당시의 모습을 떠올리며 그리움과 애절함이 선하게 배여나는 '아내의 새벽기도' 바람 한줄기 코스모스 수줍은 고운 볼에 애정표시 흠뻑 젖는 씨 뿌려 가꿈 뒤 결실의 '가을 들녘에 서서' 꽃보다 아름다운 인생 황혼을 음미해 본다.

시인의 겸손 자평같이 모두 평범한 일상에서 접하는 영상이지만 허한 공백을 열정으로 메우며 순수 시심 동심 농심이 아니고서는 헤아릴 수 없는 대화들이다. 사물 하나하나 마다에서 임 모습 떠오르고 식을 줄 모르는 열정 바람에 밀려오는 임의 미소와 선하게 다가서는 그리움의 정서 누군가를 기다리는 마음 전달을 새길 수 있다.

함축미 기교를 담은 세련이 묻어내는 신선도를 토대로 모서리 깎고 패인 곳 메워낸 숙련도 축적, 상큼한 새벽길 지나 희뿌연 회색도시 분위기를 지우고 싱그러움으로 연계하여 깨우쳐 얻어낸 시심의 정서 깊은 감성적 면이 돋보인다.

미국 시인 에머슨은 일 분 늦는 것보다 세 시간 빠른 것이 낫다 했고 프랑스 작가 라블레는 시간에 얽매이지 않고, 시간을 위해 존재하는 것이 아니라했다.

시간에 얽매이지 않고 적절히 쓸 줄 아는 시인의 저력 어떤 싱크홀 블랙홀도 유연성으로 대처해낼 넉넉한 이충우 시인의 시심으로 출산한 그 호소력에 귀 기울여 앵콜 박수를 보낸다.

독자님들 애정 어린 진심이 함께 하기를 빌면서 시인의 시심 시상 향기 검증을 매듭한다.

| 축하 편지 |

할아버지 시집 출판을 축하드리며

이 지 현

할아버지 안녕 하세요. 저 손녀 지현이에요.
늘 열심히 시를 쓰시는 할아버지께서
정말 대단하시다고 생각했는데 이렇게
시집까지 내시니 너무 존경스럽고 멋 있으세요.
할아버지 덕분에 시라는 건 간단해 보이지만
알고 보면 가장 어려운 것이란 걸
알게 되었고 해석하는 사람마다 각자
다른 해석을 할 수 있고 짧은 한마디에
큰 뜻이 담길 수 있다는 게 시의 가장 큰
매력이라는 생각이 들었어요.
할아버지의 시에 대한 열정과 사랑을 누구보다
더 잘 알기 때문에 시집 출판을 하신다는 게
저도 너무 벅차고 설레요. 할아버지께서 하실
앞으로의 문학 활동을 늘 응원할께요.

할아버지께서 제 할아버지라는 게 정말 자랑스럽고
행복해요.
할아버지 오래 오래 건강하시고 시집 출판
진심으로 축하드려요.

-2019년 12월 14일
손녀 지현 올림

이충우 시집

새벽길 지나

1판 1쇄 인쇄 / 2019년 12월 5일
1판 1쇄 발행 / 2019년 12월 10일

지은이 / 이충우
펴낸이 / 김주안
펴낸곳 / 도서출판 진실한 사람들
주소 / 경기도 하남시 미사강변서로 25, 926호(미사테스타타워)
Tel / 031-5175-6210
Fax / 031-5175-6211
E-mail / munvi22@hanmail.net
등록번호 / 제300-2003-210호
ISBN / 978-89-91905-76-4

값 10,000원
잘못된 책은 바꿔 드립니다.
저자와 협의 하에 인지는 생략합니다.